LA

VIE PRIVÉE

COMÉDIE EN UN ACTE

PAR

UGÈNE GRANGÉ & VICTOR BERNARD

PARIS
MICHEL LÉVY FRÈRES, LIBRAIRES ÉDITEURS
RUE VIVIENNE, 2 BIS, ET BOULEVARD DES ITALIENS, 15
A LA LIBRAIRIE NOUVELLE

MDCCCLXVIII

LA

VIE PRIVÉE

COMÉDIE

Représentée pour la première fois à Paris, sur le théâtre des VARIÉTÉS le 11 Août 1868.

PERSONNAGES

MAURICE CHAMILLARD.............	MM. CH. BLONDELET.
MÉDUSIER.........	LECOMTE.
OSCAR DE PONTGIBAUD.	COOPER.
ALEXIS, valet de chambre.....	BORDIER.
CLOTILDE, femme de Maurice.........	Mlles LUCILE DURAND.
GEORGETTE, femme de chambre.......	MARTIN.

Toutes les indications sont prises de la gauche et de la droite du spectateur. Les personnages sont indiqués en tête des scènes dans l'ordre qu'ils occupent au théâtre. Les changements de position sont indiqués par des renvois au bas des pages.

LA

VIE PRIVÉE

Un salon élégant. — Porte au fond. — Portes latérales. — A gauche, premier plan, une cheminée. — De chaque côté de la porte du fond une console, sur celle de gauche, une corbeille à ouvrage. — A gauche, un petit guéridon et un canapé; à droite, une table sur laquelle est un timbre. — De chaque côté de cette table, un fauteuil. — Ameublement confortable. — Cordons de sonnette à la cheminée. — Fauteuils au fond.

SCÈNE PREMIÈRE

ALEXIS, GEORGETTE.

Au lever du rideau, Alexis brosse un paletot de couleur claire; entre Georgette par la porte du fond; elle tient des journaux à la main.

GEORGETTE, déposant les journaux sur la table.

Tiens!... vous brossez donc les effets de monsieur dans le salon, à présent?...

ALEXIS.

J'aime pas l'antichambre... y a trop de courants d'air...

GEORGETTE, s'asseyant sur un fauteuil.

Et puis les banquettes y sont d'un dur!...

ALEXIS, brossant.

Où diable s'est donc fourré monsieur?... Il est plein de plâtre, ce paletot.

GEORGETTE.

Oh! on bâtit tant à Paris! il aura attrapé ça en passant près d'un échafaudage.

ALEXIS, poussant un cri.

Ah!...

GEORGETTE, se levant.

Quoi donc?... vous m'avez fait peur!

ALEXIS, montrant le paletot auquel il manque un morceau.

Sapristi!... en voilà un accroc! Si c'est dans le monde qu'on se déchire comme ça!... Faut qu'il lui soit arrivé quelque accident...

GEORGETTE, souriant.

C'est probable. (A part.) Calino, va!

ALEXIS.

Mais, j'y songe, puisque ce pardessus est déchiré, il est inutile que je le brosse.

GEORGETTE.

Oui, au fait.

ALEXIS, s'asseyant sur le canapé sur lequel il jette le paletot.

Ouf!

GEORGETTE.

Voulez-vous un journal?...

ALEXIS, prenant le journal que lui tend Georgette.

Volontiers!... j'aime assez les petites anecdotes qu'ils fourrent là-dedans!... ça m'amuse.

GEORGETTE, qui a gardé un journal à la main.

Oh! les anecdotes, maintenant... bonsoir!

ALEXIS.

Et à cause donc?...

GEORGETTE.

A cause de la nouvelle loi!...

ALEXIS.

La nouvelle loi?

GEORGETTE.

Oui... il est défendu aux journaux de causer du tiers et du quart.

ALEXIS.

Bah!...

GEORGETTE.

Ils ne pourront plus faire de potins sur n'importe qui...

ALEXIS.

Comment savez-vous ça, mademoiselle Georgette?

GEORGETTE.

Je l'ai entendu dire l'autre jour à monsieur Pontgibaud, le cousin de madame.

ALEXIS, qui a déplié le journal.

Mais vous vous trompez, Georgette... En voici une histoire.

GEORGETTE.

Vraiment?... Lisez-moi donc ça!...

ALEXIS, lisant.

« Hier au soir, des cris perçants partaient d'une des fenêtres
» d'un appartement de la rue Labruyère, numéro quarante-
» trois. » — Ah! ah! voyez-vous!...

GEORGETTE.

Allez donc!...

ALEXIS.

« La foule s'assembla devant la porte; on avertit le con-
» cierge, — et, guidés par lui, quelques curieux montèrent
» au deuxième étage. — On pénétra dans l'appartement, et... »

GEORGETTE.

Et?...

ALEXIS.

« Ici finit notre tâche. — En dire plus long serait pénétrer
» dans la vie privée, et la nouvelle loi... » (Avec regret) Ah! mais, ça n'est pas drôle...

GEORGETTE, qui parcourt un autre journal.

Attendez!...

ALEXIS, se levant.

Vous avez la suite?

GEORGETTE.

Non. . Mais voici un fait divers...

ALEXIS, venant près d'elle.

Voyons donc!

GEORGETTE, s'asseyant près de la table et lisant.

« Il y a trois jours, plusieurs personnes suivaient, dans la
» rue Lamartine, ci-devant Coquenard, un monsieur très-
» agité et qui tenait à la main un cordon de sonnette... »

ALEXIS.

Bon! bon!... je flaire un petit scandale.

GEORGETTE, continuant.

« L'homme au cordon entra chez un serrurier et bientôt,
» suivi de cet industriel, il pénétra au numéro 15, en gesti-
» culant toujours. Il paraît, qu'arrivant de voyage, il avait
» voulu causer une surprise à sa femme; mais bien qu'il eût
» carillonné longtemps à la porte, il n'avait pu se faire
» ouvrir... »

ALEXIS.

C'est très-empoignant, ça!...

GEORGETTE.

N'interrompez donc pas... (Lisant.) « Quelques voisins suivi-
» rent dans l'escalier le mari et le serrurier. Ce dernier ouvrit
» la porte... alors..! »

ALEXIS.

Alors?...

GEORGETTE, continuant.

« Ici finit notre tâche. — En dire plus long serait pénétrer
» dans la vie privée... »

ALEXIS.

Comment, encore!... c'est énervant!...

GEORGETTE.

C'est la nouvelle loi!

ALEXIS.

Merci!... je ne renouvellerai pas mon abonnement...

SCÈNE II

LES MÊMES, MAURICE.

MAURICE *, entrant par la gauche.

Eh bien?

ALEXIS, à part.

Oh!

GEORGETTE, à part

Monsieur!...

Elle remet les journaux sur la table.

MAURICE.

Que faites-vous donc là, tous les deux?...

ALEXIS, reprenant le pardessus.

J'apportais les effets de monsieur...

GEORGETTE.

Et moi les journaux.

MAURICE **, les congédiant.

C'est bien!... Allez!...

ALEXIS.

Monsieur n'a peut-être pas remarqué l'accident arrivé à son pardessus.

MAURICE, un peu troublé.

Quoi?... quel accident?...

ALEXIS.

Un accroc énorme!... monsieur va voir...

Il déplie le paletot.

MAURICE, voyant s'ouvrir la porte de droite, à part.

Ma femme!... (Haut.) C'est bien! c'est bien! emportez ça!

ALEXIS.

Mais, monsieur...

MAURICE, avec impatience.

Allez donc!...

Alexis sort par la gauche et Georgette par le fond. Clotilde entre par la droite.

* Maurice, Alexis, Georgette.

** Alexis, Maurice, Georgette.

SCÈNE III

MAURICE, CLOTILDE, puis ALEXIS.

MAURICE.

Ah! te voilà!.. Bonjour, Clotilde.

CLOTILDE.

Bonjour, mon ami. Est-ce que vous alliez sortir?

MAURICE.

Moi?... Non, pourquoi?

CLOTILDE.

Je croyais... Vous devenez si rare, on vous voit si peu depuis quelque temps.

Tout en parlant, elle s'est assise près de la table et parcourt les journaux.

MAURICE.

Des occupations... des affaires...

CLOTILDE.

Ou des plaisirs.

MAURICE.

Hier, je chassais avec ton cousin Pontgibaud.

CLOTILDE.

Oui... la chasse est votre nouvelle manie... Vous voulez maigrir...

MAURICE.

Moi!... Oh! quelle folie!

CLOTILDE, *ironique.*

Un ex-séducteur, menacé par l'embonpoint... c'est gênant!...

MAURICE.

Mais je t'assure...

CLOTILDE.

Enfin, hier, vous chassiez... mais avant-hier?..,

MAURICE, *cherchant.*

Avant-hier?...

CLOTILDE.

Vous êtes sorti à quatre heures, et vous n'avez pas reparu de la soirée.

MAURICE.

J'ai dîné au cercle!...

CLOTILDE.

Et après?...

MAURICE.

Je suis allé à l'Opéra-Comique...

CLOTILDE, *qui regarde un journal.*

Que donnait-on?

MAURICE.

Le premier jour de bonheur... C'est très-gentil... très-gentil !

Fredonnant.

« D'ici, voyez ce beau domaine... »

CLOTILDE.

Ah! (Lisant.) « Avant-hier lundi, l'Opéra-Comique a fait relâche pour cause d'indisposition... »

MAURICE, à part.

Aïe ! maudit journal!... On devrait bien leur interdire aussi les nouvelles de théâtre...

CLOTILDE, souriant, et lui montrant l'article.

Voyez... Eh bien, accusé, qu'avez-vous à répondre ?

MAURICE, cherchant.

Lundi ?... Attends donc!... lundi ?... Ah! oui, je me souviens à présent... C'est samedi que je suis allé à l'Opéra-Comique.

CLOTILDE, se levant.

Ah!... samedi...

Elle va à la console de gauche, y prend une corbeille à ouvrage, vient la poser sur le petit guéridon, s'assied sur le canapé et se met à broder une tapisserie.

MAURICE *.

Eh! oui, parbleu!... Lundi je n'ai pas quitté le cercle! Il y avait ce soir-là... réception d'un nouveau membre... un Portugais...

CLOTILDE, avec un peu d'ironie.

Ah! vous recevez des Portugais?...

MAURICE.

Oui... Oh! nous ne sommes pas fiers... Quelquefois... pas tous les jours...

CLOTILDE.

Il y aurait encombrement!... Que me disait donc Oscar ?

MAURICE.

Pontgibaud?...

CLOTILDE.

Il prétend qu'il ne vous rencontre presque jamais au cercle... et que, lundi soir, précisément...

MAURICE, vivement, et venant à la droite de sa femme **.

J'y étais... Je faisais un whist... dans un coin... Tu sais, quand on joue le whist, on fait peu de bruit... Il ne m'aura pas aperçu...

CLOTILDE, avec ironie.

Voilà!...

MAURICE.

Voilà! .. Et puis, il ne faut pas croire tout ce que dit Oscar.

* Clotilde, Maurice.

** Maurice, Clotilde.

CLOTILDE.

Comment?

MAURICE.

Il est célibataire... Et un célibataire cherche toujours à jeter des pierres dans le jardin du mari... (Se rapprochant.) Or, comme mon jardin à moi possède une fleur rare...

Il va pour l'embrasser, elle le repousse doucement. Il repasse à droite.

CLOTILDE *.

A propos, y a-t-il longtemps que vous n'avez vu monsieur Médusier?

MAURICE.

Médusier? (A part.) Pourquoi me demande-t-elle ça? (Haut.) Mais... je ne sais... trois ou quatre jours...

CLOTILDE.

Et sa femme?...

MAURICE.

Madame Médusier?

CLOTILDE.

Oui, Adeline.. Il y a un siècle qu'elle n'est venue... Est-ce qu'elle serait malade?

MAURICE.

Je l'ignore!

CLOTILDE.

Vous auriez pu avoir de ses nouvelles par son mari... ou bien, aller la voir à Ville-d'Avray où elle demeure pendant la belle saison.

MAURICE.

Moi?...

CLOTILDE.

C'est très-joli, Ville-d'Avray... Et puis, il y a un train toutes les heures... rien de plus commode...

MAURICE, à part.

Mais elle me travaille comme un juge d'instruction!... (Haut.) Et à quel propos veux-tu que j'aille rendre visite à madame Médusier?

CLOTILDE, remettant son ouvrage dans la corbeille.

Oh! mon Dieu!... par politesse... par distraction... (Se levant.) Elle est jolie.

Elle passe à droite.

MAURICE **

Peuh!...

CLOTILDE.

Et surtout très-coquette...

* Clotilde, Maurice.

** Maurice, Clotilde.

MAURICE, s'oubliant.

Oh ! pour ça... (Se reprenant.) Ma foi, je ne sais.

CLOTILDE.

Il a couru sur elle des bruits inquiétants... pour son mari.

MAURICE.

Le monde est si bavard !...

ALEXIS, entrant par le fond *.

Monsieur veut-il recevoir monsieur Médusier ?

MAURICE.

Médusier ?... Oui, oui, certainement. (A part.) Ça fera diversion.

ALEXIS, à Clotilde.

Et puis la couturière de madame est là.

Il montre la droite et sort par le fond.

CLOTILDE **.

C'est bien, je vais la trouver... (A son mari.) Je vous laisse.

ENSEMBLE

Air de M. Lindheim.

CLOTILDE.	MAURICE.
En fille d'Ève un peu coquette,	En fille d'Ève un peu coquette,
Pardonnez-moi de vous quitter,	Empresse-toi de me quitter,
Mais vous savez que la toilette	Car on sait bien que la toilette
Sur un mari doit l'emporter.	Sur un mari doit l'emporter.

Clotilde sort par la droite.

SCÈNE IV

MAURICE, puis MÉDUSIER.

MAURICE, seul.

Cet interrogatoire... Est-ce que Clotilde se douterait ?.. Oh ! non ! elle est jalouse... elle m'aime.. Et pourtant, je m'arrondis... je prends du ventre... Je tourne au mari honoraire... (Avec force.) Comment ! j'ai le bénéfice d'une exception rare, et je vais...

MÉDUSIER, entrant par le fond, d'un air sombre ***.

Bonjour, Chamillard !

* Maurice, Alexis, Clotilde.

** Maurice, Clotilde.

*** Maurice, Médusier.

MAURICE.

Bonjour!... Tiens! qu'avez-vous donc?... Vous voilà sombre... comme un entresol. (A part.) Est-ce qu'il se douterait aussi?...

MÉDUSIER.

Eh bien, mon cher, vous savez la nouvelle?... C'est voté.

MAURICE.

Quoi?

MÉDUSIER.

La loi qui défend aux journaux de parler de la vie privée.

MAURICE.

Et c'est là le motif de votre mauvaise humeur?

MÉDUSIER.

Élever un mur autour des particuliers, avec des cinq cents francs d'amende en guise de tessons de bouteilles!... Vous approuvez ça, vous?...

MAURICE.

Moi? parbleu! j'en suis enchanté... Comment! on laisserait aux journaux le droit de scruter notre intérieur, de soulever le voile de nos actions privées pour en faire part au public! Ils pourraient divulguer nos secrets de ménage, nos conversations intimes, apprendre à leurs lecteurs où nous passons nos soirées, ce que nous avons gagné ou perdu au jeu, ce que nous mangeons tel ou tel jour de l'année?... Allons donc! que la vie officielle appartienne aux journaux, qu'on la discute même, rien de mieux... la publicité pour la cravate blanche, soit! mais je réclame l'incognito pour la cravate de fantaisie!...

MÉDUSIER.

Bien, bien, vous êtes partisan du silence, vous!...

MAURICE.

Pour tout ce qui appartient à la vie privée, oui!

MÉDUSIER.

Moi pas! J'avoue que la nouvelle loi me contrarie.

MAURICE.

Eh! que diable cela peut-il vous faire?

MÉDUSIER.

Mon cher ami, c'est peut-être une faiblesse, mais enfin, moi, qui ne suis pas un homme public, moi, un obscur rentier, un simple millionnaire, j'étais bien aise de lire de temps à autre mon nom dans les journaux.

MAURICE.

Ah! ah! quelle folie!... je comprends!...

MÉDUSIER.

Je m'étais lié avec quelques journalistes, charmants garçons du reste; ils venaient dîner chez moi, je les invitais à mes soirées, à mes chasses... et, quelques jours après, en dépliant mon journal, j'y trouvais mon nom imprimé tout vif... on y parlait de mes fêtes, de mes dîners, de mon Château-Iquem 1846... « Monsieur Médusier a réuni dans son salon l'élite de la société parisienne. Il y a eu bal et concert. Madame Médusier a fait les honneurs avec cette grâce exquise dont elle seule semble avoir le secret. »

MAURICE.

Oui, le cliché de rigueur...

MÉDUSIER.

Un cliché, soit!... mais ça flattait mon amour-propro... ça me faisait une petite célébrité... ça me taillait un piédestal... Quand je passais sur les boulevards, je voyais des gens se pousser le coude et je les entendais dire : « Tiens, voilà Médusier! — Médusier? — Médusier qui donne des fêtes si brillantes, et qui possède ce fameux Château-Iquem... » Et vous voulez que je renonce sans regrets à cette satisfaction!

MAURICE.

Vous continuerez à donner vos soirées... sans réclames, et à boire votre Château-Iquem, sans tambour ni trompette...

MÉDUSIER.

Jamais! si j'ai acheté ce crû, qui me coûte très-cher, c'est pour qu'on le sache. . c'est pour qu'on parle de moi, de ma fortune... Et l'on vient me condamner à l'obscurité... Ah! je comprends cet ancien qui voulait habiter une maison de verre!

MAURICE, souriant.

Bah! quelle folie!... il y a des moments où ça vous gênerait!

MÉDUSIER.

Moi? Pas du tout!

MAURICE.

Laissez donc! un homme marié a toujours quelques petits secrets à dissimuler... ne fut-ce que pour sa femme.

MÉDUSIER.

Ah! en se cachant bien!...

MAURICE, riant.

Là!... vous voyez!

MÉDUSIER.

Avec quoi vont-ils remplir leurs feuilles à présent?

MAURICE.

Avec les dépêches Havas-Bullier...

MÉDUSIER.

Qui parlent de la Chine et du Pôle Nord... Ça sera amusant!... Aussi, je ne lis plus les journaux... (Tirant un journal de sa poche.) En voici un que je viens d'acheter... par habitude... mais je ne l'ai pas seulement ouvert.

MAURICE, apercevant le titre.

La *Chronique des Salons!*

MÉDUSIER.

Oh ! vous pouvez chercher, je suis sûr d'avance qu'il n'y a rien d'intéressant...

Il lui passe le journal.

MAURICE.

Vous laissez tomber quelque chose...

MÉDUSIER, ramassant un morceau de drap de couleur claire qu'il a tiré de sa poche avec le journal, et qui vient de glisser.

Ah ! oui... je sais...

MAURICE.

Un échantillon ?...

MÉDUSIER.

Oui, un échantillon qu'hier matin, à Ville-d'Avray, j'ai trouvé accroché à un espalier de mon jardin.

MAURICE, à part.

Le morceau de mon pardessus.

MÉDUSIER.

Je me demande qui diable a pu laisser là...

MAURICE, affectant l'indifférence.

Votre jardinier, probablement.

MÉDUSIER.

Lui ?... Allons donc !... mon jardinier ne porte pas du drap si fin...

MAURICE, qui, tout en parlant, a déplié le journal et y a jeté les yeux.

Oh !...

MÉDUSIER.

Quoi ?

MAURICE, troublé.

Rien... une nouvelle de Bourse... l'emprunt Turc a monté!

Il remonte.

MÉDUSIER *.

Ah ! ça m'est bien égal... je n'en ai pas... (Regardant le morceau de drap.) Est-ce qu'en arrivant lundi soir à l'improviste, j'aurais fait fuir quelque galant ?

MAURICE, descendant,

Quelle folie !... vous pourriez supposer ?...

MÉDUSIER.

Eh ! eh ! avec les femmes.. La mienne est un peu coquette... certainement, je ne l'accuse pas... Elle lisait quand je suis entré, et paraissait fort calme.

MAURICE.

Alors ?...

MÉDUSIER.

Mais enfin, ce morceau de drap...

MAURICE.

Bah ! qu'est-ce que ça prouve ?

* Médusier, Maurice.

MÉDUSIER.

Ça prouve... ça prouve... que quelqu'un a escaladé mon mur.

MAURICE, à part.

Dépistons-le!... (Haut.) Eh! qui vous dit que ce quelqu'un sortait de chez vous?

MÉDUSIER.

Comment?

MAURICE.

Votre mur est mitoyen... et vous avez, je crois pour voisine...

MÉDUSIER.

Une petite dame...

MAURICE.

Mademoiselle Fleur-de-Thé...

MÉDUSIER, riant et s'asseyant sur le canapé.

C'est vrai!... je n'avais pas pensé à cela, moi!... Voilà qui m'explique le fragment de paletot.

MAURICE.

Parbleu!

MÉDUSIER, se levant *.

Eh bien, entre nous, je n'en suis pas fâché... vrai, ça me trottait dans la tête...

MAURICE.

Vous voilà rassuré...

MÉDUSIER.

Tout à fait!... Il est évident que c'est de chez cette demoiselle... Ah! on se forge des chimères... Allons, adieu, mon cher.

MAURICE.

Vous partez?

MÉDUSIER.

Oui, j'ai ce matin un rendez-vous au café Riche.

MAURICE, lui donnant une poignée de main.

Adieu donc!

MÉDUSIER, qui allait sortir, s'arrêtant.

Ah! et mon journal?

MAURICE.

Pardon!... il y a un article... que je voudrais terminer.

MÉDUSIER.

Gardez! gardez... Oh! je n'y tiens pas!... Les journaux, aujourd'hui ont si peu d'intérêt!...

* Maurice, Médusier.

Air de M. Lindheim.

Si cela vous intéresse,
Lisez, lisez ce journal;
Aujourd'hui, pour moi la presse
N'a plus rien que de banal.

REPRISE ENSEMBLE

MÉDUSIER.

Si cela vous intéresse, etc.

MAURICE.

Cet article m'intéresse,
Je garde votre journal,
Quoique, à vrai dire, la presse
N'ait plus rien que de banal.

Médusier sort par le fond.

SCÈNE V

MAURICE, seul, très-agité.

Comprend-on ça!... mon escapade de Ville-d'Avray racontée tout au long dans ce journal!... Comment! pour la première fois depuis mon mariage, je veux folâtrer dans les sentiers de la fantaisie, et je suis pincé... un journaliste me dresse procès-verbal!... si Médusier l'avait lu ce procès-verbal... Il n'y a que des initiales, à la vérité, mais c'est d'un transparent... (Il froisse avec colère le journal qu'il met dans sa poche.) Comment a-t-on pu savoir?... Ah! mon Dieu!... j'y songe... Si Médusier allait se raviser... acheter sur le boulevard, un autre exemplaire de... (Sonnant à la table, et appelant.) Alexis!...

Alexis entre par la gauche.

SCÈNE VI

ALEXIS, MAURICE

ALEXIS, portant à la main le paletot déchiré.

Monsieur va sortir?... prend-il son pardessus?

MAURICE, avec impatience.

Mais non!

ALEXIS.

Monsieur n'a peut-être pas vu l'accroc ?...

MAURICE, lui arrachant le paletot qu'il jette sur un fauteuil, au fond à gauche.

Mais si... j'ai vu... je sais...

ALEXIS. *

Faut qu'il soit arrivé un accident à monsieur...

MAURICE.

Ah çà! morbleu!... te tairas-tu ?

ALEXIS.

Pardon, monsieur... ce que j'en disais, c'était par intérêt pour...

MAURICE, avec impatience.

Encore!... mais écoute-moi donc !

ALEXIS.

Bien, monsieur... j'écoute!...

MAURICE.

Tu vas tout de suite aller...

ALEXIS.

Chez votre tailleur ?...

MAURICE.

Eh! non, imbécile!... sur les boulevards...

ALEXIS.

Sur les boulevards ?...

MAURICE.

Depuis la Chaussée-d'Antin jusqu'à la Porte-Montmartre... et tu achèteras tous les numéros de la *Chronique des Salons* que tu trouveras dans les kiosques.

ALEXIS.

Tous les numéros du même journal ?

MAURICE.

Oui, tous les numéros d'aujourd'hui... Tu m'as bien compris ?...

ALEXIS.

Parfaitement, monsieur. (A part.) Quelle drôle d'idée !

MAURICE.

La *Chronique des Salons*, ne va pas te tromper.

ALEXIS.

Non, monsieur! c'est entendu!

MAURICE.

Alors, pars... et dépêche-toi!...

Il passe à gauche.

ALEXIS.

J'y cours, monsieur. (A part en remontant.) En voilà une lubie!...

* Maurice, Alexis.

MAURICE.

Va donc!

ALEXIS.

J'y cours.

Il sort par le fond.

SCÈNE VII

MAURICE, puis OSCAR DE PONTGIBAUD et ensuite GEORGETTE.

MAURICE, seul.

Mais comment, par qui ce maudit journal a-t-il pu apprendre?...

OSCAR, en dehors.

Au salon? bien! j'y vais!...

MAURICE.

Pontgibaud... Ah! quel ennui!... (A Oscar qui entre par le fond.) C'est toi!...

OSCAR, il porte sur le bras un paletot de couleur claire semblable à celui de Maurice *.

Oui, je suis monté, en passant, te serrer la main et dire bonjour à ma jolie cousine...

MAURICE.

C'est très-aimable.

OSCAR.

Je ne te dérange pas?.. Tu sais, ne te gène pas avec moi, et si je suis importun...

MAURICE.

En aucune façon!...

OSCAR.

Pourtant tu parais préoccupé...

MAURICE.

Moi?... Tu te trompes.

OSCAR.

Quelque contrariété de ménage?.. un nuage dans ton azur?

MAURICE.

Mais non... je n'ai rien, absolument rien.

OSCAR, allant déposer son paletot sur le même fauteuil au fond.

Ah! tant mieux! (A part.) C'est-à-dire tant pis!... (Haut.) Je craignais... Ta femme va bien?

* Oscar, Maurice.

MAURICE.

A merveille! (*Le regardant.*) Tiens! tu as une nouvelle jaquette?...

OSCAR.

Comment la trouves-tu?

MAURICE.

Mais... je la trouve pareille à celle que je portais il y a quelques jours.

OSCAR.

Les gens de goût se rencontrent...

MAURICE.

Oui, c'est un bruit que les singes font courir.

OSCAR, *riant.*

Ah! ah! c'est méchant...

MAURICE.

Et mademoiselle Fleur-de-Thé, qu'en fais-tu?

OSCAR.

Fleur-de-Thé?... Oh! nous sommes en froid.

MAURICE.

Bah! depuis quand?

OSCAR.

Depuis deux jours... Franchement, je suis las des liaisons interlopes... c'est ruineux! Je ne veux plus m'adresser qu'aux femmes du monde.

MAURICE.

Et, pour commencer, tu viens faire la cour à ta cousine...

OSCAR.

Moi?

MAURICE.

Oui, tu te dis : Je suis jeune,.. je suis svelte... le mari s'accentue, et...

OSCAR.

C'est une plaisanterie!

MAURICE.

Avec la manie que tu as de m'imiter... Tu me prends mes gilets, mes paletots, tu pourrais bien essayer de me prendre...

OSCAR.

Trahir l'amitié!.. Oh! me crois-tu capable?...

MAURICE, *lui frappant sur l'épaule.*

Calme-toi!... je ne suis pas jaloux.

Il remonte vers la gauche.

OSCAR. *

Ah!...

* Maurice, Oscar.

MAURICE.

Je suis sûr d'elle... (Le toisant.) Et de toi!...

OSCAR, à part.

Comment l'entend-il?

MAURICE.

Et la preuve...

Il sonne à la cheminée.

GEORGETTE, entrant par le fond. *

Monsieur a sonné?

MAURICE.

Annoncez à madame son cousin, M. Oscar de Pontgibaud.

Georgette entre à droite.

OSCAR **.

Pourtant, si ça la dérangeait ..

MAURICE.

Non, non... j'ai à sortir... elle est seule, tu la distrairas.... au revoir...

OSCAR.

Au revoir!

MAURICE, prêt à sortir.

Sois spirituel! tu sais elle n'aime pas les imbéciles!... Moi, jaloux!... Oh! quelle folie!... Tu sais... elle n'aime pas les imbéciles!

Il sort par la gauche.

SCÈNE VIII

OSCAR, puis GEORGETTE.

OSCAR, seul.

Raille!... raille! larde-moi de brocards!... Peut-être un jour prendrai-je ma revanche... Par malheur, ce sera long... ma cousine est une vertu... blindée... Et je n'en suis encore de mon siége qu'à la première parallèle...

GEORGETTE ***, revenant.

Madame attend monsieur au petit salon.

OSCAR.

J'y vais. (A part.) Allons lancer mes projectiles!

Il sort par la droite.

* Maurice, Georgette, Oscar.

** Maurice, Oscar.

*** Oscar, Georgette.

GEORGETTE, seule.

Tiens!... monsieur n'est plus là!... j'avais à lui remettre... Ah! le voici!...

SCÈNE IX

MAURICE, GEORGETTE.

MAURICE, entrant de la gauche. — Il a passé une redingote et mis son chapeau. A lui-même.

Décidément, il faut que je courre à Ville d'Avray, prévenir Adeline, si toutefois elle ne sait rien encore.

GEORGETTE, s'approchant.

Pardon, monsieur...

MAURICE.

Quoi?... que voulez-vous?

GEORGETTE, tirant une lettre de son tablier, et avec mystère.

C'est une lettre!...

MAURICE.

Une lettre?

GEORGETTE.

Qu'on vient d'apporter pour monsieur, en me recommandant de ne la remettre qu'à lui... et j'ai attendu que monsieur fût seul...

MAURICE.

C'est bien, donnez!... (Il prend la lettre.) A propos, Alexis est-il rentré?

GEORGETTE.

Pas encore!...

MAURICE.

Quand il reviendra, vous lui direz de mettre dans mon cabinet ce que je l'ai envoyé chercher...

GEORGETTE.

Bien, monsieur.

MAURICE.

Allez... laissez-moi!...

GEORGETTE, à part.

Hum!... Il y a du mic-mac!...

Elle sort par le fond.

SCÈNE X

MAURICE, seul, décachetant la lettre.

C'est d'elle!... c'est d'Adeline! (Lisant avec une émotion croissante.) « Je viens de lire la *Chronique des Salons.* » — Bon!... ce que je craignais!... « Vous êtes un bavard... » — Hein?... — « Quand on joint la maladresse à l'indiscrétion, on ne joue pas au Don Juan... » — C'est clair!... elle me retire sa confiance... Et en post-scriptum : P. P. C... pour prendre congé... Un congé!... C'est complet!... Mon roman-feuilleton n'aura eu qu'un numéro!... Ah! mais, je le connaîtrai, le serpent qui m'a dénoncé... Je me vengerai... Et d'abord je cours trouver l'auteur de l'article... Je le forcerai à se battre... je ferai condamner le journal... (S'arrêtant.) Du bruit? du scandale?... mais c'est déchirer le voile soulevé par les initiales... Que faire? et comment découvrir le gredin qui?...

OSCAR, en dehors.

Oui, à bientôt, cousine, à bientôt!...

MAURICE.

Eh! mais quelle idée!... c'est lui!... ce ne peut être que lui!... Il va souvent à Ville-d'Avray... il m'aura aperçu des fenêtres de sa belle... et pour me nuire dans l'esprit de ma femme...

SCÈNE XI

MAURICE, OSCAR.

OSCAR, entrant par la droite.

Tiens, tu es encore là!... je te croyais sorti!... Adieu, mon cher, je m'en vais.

MAURICE.

Un instant! j'ai à te parler.

OSCAR, le regardant.

Eh! mon Dieu!... quel regard courroucé!...

MAURICE.

Mon cher Oscar, que tu fasses la cour à ta cousine, passe!... je ne suis pas homme à m'effrayer de ton marivaudage anodin... mais que, dans l'espoir de profiter du dépit de ma femme, tu emploies contre moi des cartes bizeautées?...

OSCAR, étonné.

Hein?... comment, des cartes bizeautées?...

MAURICE.

C'est un jeu que je ne permets pas.

OSCAR.

Ah çà, explique-toi!... je ne comprends pas...

MAURICE.

J'ai lu l'article qui a paru ce matin dans la *Chronique des Salons*.

OSCAR.

Dans la *Chronique des Salons?*

MAURICE.

Article où je suis désigné... où il est question d'une aventure dont toi seul pouvais connaître les détails.

OSCAR, protestant.

Moi?... mais j'ignore absolument...

MAURICE.

Mensonge!

OSCAR.

Je te donne ma parole...

MAURICE.

Je n'y crois pas!

OSCAR.

Mais...

MAURICE.

Ceci est plus qu'une indiscrétion, c'est une escobarderie!...

OSCAR, offensé.

Maurice!...

MAURICE.

Oui, une escobarderie!... ce bavardage ne peut venir que de toi... et, si j'en ai la preuve, tu recevras mes témoins.

OSCAR, bondissant.

Un duel!... Es-tu fou!

MAURICE.

Nous trouverons un prétexte à cette querelle...

OSCAR.

Mais encore une fois, c'est faux! archi-faux!... Donne-moi du moins le temps de me justifier...

MAURICE, incrédule.

Allons donc!

OSCAR.

Je cours aux bureaux du journal, et avant une heure...

MAURICE.

Eh bien, soit!... justifie-toi!

OSCAR.

Parbleu!... c'est que je tiens à me blanchir...

SCÈNE XIII

LES MÊMES, CLOTILDE.

CLOTILDE *, entrant par la droite.

Eh bien! quoi donc!... Qu'y a-t-il?...

MAURICE, vivement.

Rien, rien!... (Bas à Oscar.) Pas un mot!

OSCAR, ahuri.

Je causais avec Maurice... au sujet de... de...

MAURICE.

De la nouvelle loi!...

CLOTILDE.

Ah!

OSCAR.

Oui, nous parlions politique, et... Au revoir, ma cousine.

MAURICE, avec intention.

A bientôt, n'est-ce pas?

OSCAR, bas à Maurice.

Dans une heure, je reviens!... (A part.) Sapristi! il est enragé!

Il sort par le fond. Maurice remonte et redescend à droite.

SCÈNE XIII

CLOTILDE, MAURICE, puis MÉDUSIER.

CLOTILDE.

Ce bruit... ces éclats de voix... on eût dit une querelle.

MAURICE.

Oh! quelle folie!... Non... non... une discussion, voilà tout! mais tu sais, en politique, on est rarement du même avis, et alors... on s'échauffe... bêtement...

CLOTILDE.

A la bonne heure!... J'avais craint qu'il ne s'agit d'une provocation...

MAURICE.

Me battre avec Oscar!... moi!... Et à quel propos?

MÉDUSIER, entrant par le fond **.

Pardon, c'est encore moi!...

* Maurice, Oscar, Clotilde.

** Clotilde, Médusier, Maurice.

MAURICE.

Médusier !

MÉDUSIER.

Madame, je vous présente mes hommages. (A Maurice.) Ah çà, malgré la nouvelle loi, il paraît qu'on parle de moi dans un journal !

MAURICE, à part.

Aïe ! (Haut.) Comment ?... quel journal ?...

MÉDUSIER.

Dans la *Chronique des Salons*, parbleu !

CLOTILDE.

Vraiment ?

MAURICE.

Vous croyez ?

MÉDUSIER.

Du moins, je le suppose. Tout à l'heure, en entrant au café Riche, j'aperçois un groupe d'amis qui lisaient en souriant... il me semble même entendre prononcer mon nom... Intrigué, je m'approche... mais, en me voyant, ils se taisent... et celui qui tenait le journal le fourre vivement dans sa poche. — « Par» don, lui dis-je, est-ce qu'il y a quelque chose d'intéressant ? » — Oh ! rien, me répondit-il d'un air embarrassé, une nou» velle de Bourse. » Absolument comme vous ce matin. Je n'insiste pas, nous parlons d'autre chose... puis, au bout d'un moment, je sors en me promettant, pour éclaircir mes soupçons, d'acheter le journal sur les boulevards...

MAURICE.

Eh bien ?

MÉDUSIER.

Eh bien, impossible d'en trouver un seul numéro.

MAURICE.

Bah !

MÉDUSIER.

Oui, tout avait été enlevé !...

MAURICE, à part.

Par Alexis !

MÉDUSIER.

Heureusement, je me suis rappelé que je vous en avais laissé un exemplaire.

MAURICE.

C'est juste !... (Feignant de chercher.) Mais je ne sais plus trop...

Il remonte.

MÉDUSIER, le suivant.

Cherchez donc !... vous devez l'avoir !...

MAURICE *.

Oui... oui... certainement... (A Clotilde.) Tu ne l'as pas vu, chère amie ?...

CLOTILDE, remontant.

Moi ? non....

MAURICE.

Ah ! mon Dieu !... je me souviens... j'en ai enveloppé quelque chose que je viens d'envoyer par mon domestique...

En disant cela, il a redescendu à gauche.

MÉDUSIER **.

Ah ! que c'est contrariant !

MAURICE.

Je suis vraiment désolé...

SCÈNE XIV

LES MÊMES, ALEXIS avec un paquet de journaux.

ALEXIS, entrant par le fond ***.

Monsieur, voici les journaux !

MÉDUSIER.

Des journaux ?

MAURICE, vivement.

La collection du *Moniteur*.

ALEXIS.

Hein !

MAURICE, bas, à Alexis.

Chut !... (Haut.) Porte cela dans ma chambre.

ALEXIS.

Oui, monsieur.

MÉDUSIER.

C'est une fatalité !... pas moyen de me procurer la *Chronique des Salons !*

ALEXIS, qui allait sortir, s'arrêtant.

La *Chronique des Salons ?*... la voilà, monsieur !...

Il lui donne un journal qu'il tire de sa poche.

MÉDUSIER.

Ah !

CLOTILDE, à part.

Ciel !

* Clotilde, Maurice, Médusier.

** Maurice, Clotilde, Médusier.

*** Maurice, Alexis, Clotilde, Médusier.

MAURICE, à part.

Maladroit !... (Haut et avec colère.) C'est bon ! va-t-en !...

ALEXIS, à part.

Un numéro que j'avais gardé pour moi.

Il sort par la gauche.

SCÈNE XV

MAURICE, MÉDUSIER, CLOTILDE.

MÉDUSIER, dépliant le journal.

Enfin, je vais apprendre...

MAURICE, à part.

Quel embarras !...

CLOTILDE, à part.

Pourvu qu'il n'aille pas se douter...

MÉDUSIER.

Que diable peuvent-ils dire de moi là-dedans ?

MAURICE.

Oh ! mon Dieu, vous vous trompez, sans doute... J'ai parcouru ce journal, et je n'ai rien vu...

MÉDUSIER.

Mais si !... Attendez donc !... Voilà un fait divers....

MAURICE, à part.

Il va tout savoir !... et ma femme aussi !...

MÉDUSIER, lisant.

« Lundi soir à neuf heures, les rares promeneurs de Ville-» d'Avray ont aperçu une ombre s'agitant sur le mur de clô-» ture de la délicieuse villa de monsieur M***. » (S'interrompant.) Monsieur M***, c'est moi.

MAURICE.

Oh !... une initiale ne prouve rien...

CLOTILDE.

Il y a plus d'un âne...

MÉDUSIER.

Permettez !... (Lisant.) « Cette apparition a été l'objet de » nombreuses gageures. Les uns soutiennent qu'il s'agit d'un » vol, les autres parient pour un roman. La curiosité publi-» que informe ; quelques témoins assurent que l'ombre avait » la taille de monsieur C***. »

MAURICE.

C'est une histoire en l'air !...

CLOTILDE.

Certainement ! Maurice a raison.

MÉDUSIER.

Permettez, permettez, il y a du vrai... Lundi soir on a escaladé le mur de mon jardin. .

CLOTILDE.

Vous croyez?...

MÉDUSIER.

J'en ai la preuve!... mais ça n'est pas une raison pour le dire dans les journaux!... Ils n'en ont pas le droit .. c'est de la vie privée.

MAURICE.

Mais, ce matin, vous regrettiez qu'on leur eût interdit...

MÉDUSIER.

La faculté de dire du bien de moi, oui! mais quand ils cherchent à me ridiculiser... c'est une autre affaire! Je cours trouver le directeur du journal...

CLOTILDE.

Et pourquoi?

MAURICE.

Dans quel but?

MÉDUSIER.

Pour exiger une rétractation... Oui, je veux une rétractation éclatante, ou je lui fais un procès...

CLOTILDE.

Un procès?...

MÉDUSIER.

Amende!... dommages-intérêts! Ah!... ah! ils sauront à qui ils ont affaire!... S'attaquer à moi!... franchir le mur de ma vie privée!... C'est une infamie!

CLOTILDE.

Mais enfin, il n'est pas prouvé...

MAURICE.

De simples initiales...

MÉDUSIER.

C'est trop!... on peut me reconnaître. (Réfléchissant.) Mais quel peut être ce monsieur C***? Oh! je le saurai... il faudra qu'ils s'expliquent!... Adieu, mon cher... Madame, j'ai bien l'honneur... (A lui-même en remontant.) Monsieur C?... monsieur C?...

Il sort par le fond.

MAURICE, qui l'a suivi jusqu'à la porte.

Médusier, pas de coup de tête!... Soyez prudent!

Il redescend à droite et s'assied près du guéridon.

SCÈNE XVI

CLOTILDE, MAURICE.

MAURICE, à part.

Il va tout savoir! Ah! maudite aventure!...

CLOTILDE, l'observant.

Comme vous semblez agité!...

MAURICE, se levant.

Oui... ça me contrarie... ça me tourmente... par amitié pour Médusier.

CLOTILDE.

Et puis, vous vous nommez Chamillard...

MAURICE.

Eh bien?

CLOTILDE.

Il n'aurait qu'à s'imaginer que monsieur C*** c'est vous.

MAURICE.

Moi?

CLOTILDE.

J'avoue que ça a été ma première pensée...

MAURICE.

Oh! quelle folie!...

CLOTILDE.

En effet... vous justifiez d'un alibi... Ce soir-là, vous étiez à l'Opéra-Comique... Non, c'est-à-dire au cercle.

MAURICE.

Sans doute!... Et d'ailleurs, comment pourrais-tu supposer?...

SCÈNE XVI

LES MÊMES, OSCAR.

OSCAR, entrant vivement par le fond *.

Ouf!... me voici!...

CLOTILDE.

Oscar!

MAURICE, à part.

A l'autre! je n'en sortirai pas!

OSCAR.

J'apporte la preuve de mon innocence.

CLOTILDE.

Comment?

MAURICE, à Oscar, pour le faire taire.

Plus tard... tu me diras...

* Clotilde, Maurice Oscar.

OSCAR.

Non pas! je tiens à me justifier tout de suite.

CLOTILDE.

Vous justifier?

OSCAR.

Oui, ma cousine, il m'accusait... il voulait se couper la gorge avec moi!

CLOTILDE.

Est-il possible?...

OSCAR.

Mais je suis allé à la *Chronique des Salons*... j'ai parlé au rédacteur en chef, un homme très-aimable, très-bien élevé. (Tirant un papier de sa poche.) Et il m'a remis la petite note que voici.

CLOTILDE, à part.

Ciel!

OSCAR.

La note manuscrite envoyée au journal.

MAURICE, prenant et regardant le papier.

L'écriture de ma femme!...

Musique à l'orchestre.

OSCAR, étonné.

Hein?...

CLOTILDE, à part.

Je suis prise!

MAURICE, allant à Clotilde, bas*.

Comment! c'était toi?

CLOTILDE, bas.

Oui, monsieur, j'ai pénétré dans votre vie privée... Je savais tout, et voulant vous corriger à jamais des aventures...

OSCAR, à part.

Je n'y comprends rien.

CLOTILDE, bas à Maurice.

J'ai livré votre escapade à la publicité.

MAURICE, embarrassé.

Mon Dieu, va!... rien de plus innocent... Il s'agissait d'un pari...

CLOTILDE.

Ah!

MAURICE.

Oui, j'avais parié avec Blézimard à qui arriverait premier...

CLOTILDE, souriant.

Enfin, soit!... mais ne pariez plus.

* Clotilde, Maurice, Oscar.

MAURICE.

Non, non... c'est fini... bien fini !... je désarme... je prends ma retraite.

Clotilde lui tend la main, il la porte à ses lèvres.

OSCAR, à part.

La scène du raccommodement ! je n'ai plus rien à faire ici.

SCÈNE XVII

Les Mêmes, MÉDUSIER, entrant par le fond.

MÉDUSIER *.

Les bureaux viennent de fermer !... c'est fait pour moi... Impossible d'avoir le moindre renseignement...

MAURICE, à part.

Ah ! je respire !

MÉDUSIER.

Mais demain, j'y retournerai, et...

CLOTILDE, allant à lui **.

Il est inutile de prolonger votre inquiétude, cher monsieur Médusier !...

MAURICE.

Tout est éclairci !

Oscar va au fond reprendre son pardessus.

MÉDUSIER.

Ah ! bah !... Vous sauriez ?...

CLOTILDE.

C'est moi, qui, d'accord avec Adeline, ai fait insérer cet article.

MÉDUSIER.

Comment ?... et pourquoi ?...

CLOTILDE.

Pour exciter votre jalousie, et vous engager à passer plus souvent vos soirées à Ville-d'Avray auprès de votre femme.

MÉDUSIER.

Vraiment !... c'était pour cela !... et moi qui m'imaginais... (Changeant de ton.) Ah ! mais, un instant !... et cette pièce de conviction...

CLOTILDE.

Quoi ?

* Clotilde, Maurice, Médusier, Oscar.

** Maurice, Clotilde, Médusier, Oscar.

MÉDUSIER, montrant le morceau de drap.

Ce morceau de drap que j'ai trouvé à mon espalier.

MAURICE, à part.

Comment me tirer de là ?

OSCAR, qui a mis le pardessus de Maurice au lieu du sien, redescendant, à Clotilde *.

Allons, adieu, ma cousine !...

MÉDUSIER, apercevant la déchirure et poussant un cri.

Ah !...

TOUS.

Qu'avez-vous ?

Maurice passe près d'Oscar **

MÉDUSIER.

Cet accroc ! (Il compare le morceau de drap au par dessus.) C'est cela !... c'est bien cela !...

OSCAR.

Un accroc !... mais ce pardessus...

MAURICE, bas en lui serrant la main.

Tais-toi !

OSCAR.

Plait-il ?

MÉDUSIER, à Oscar, avec colère.

Comment ! c'est vous qui sortiez de chez ma femme ?

OSCAR, ahuri.

Moi ?

MAURICE.

Mais non !... de chez Fleur-de-Thé !

OSCAR.

Hein ?

MÉDUSIER.

Fleur-de-Thé ? ma voisine ?

MAURICE.

Eh ! certainement !... rassurez-vous...

CLOTILDE, riant et allant à Oscar ***.

Ah ! ah ! mon cousin, vous donnez dans les chinoiseries ?

OSCAR, voulant protester.

Mais... permettez...

MÉDUSIER, lui frappant gaiement sur l'épaule.

Don Juan !... Lovelace !

MAURICE.

Faublas !

* Maurice, Clotilde, Oscar, Médusier.
** Clotilde, Maurice, Oscar, Médusier.
*** Maurice, Clotilde, Oscar, Médusier.

OSCAR, à part, passant à droite.

Au fait!... ça me pose...

MÉDUSIER.

C'est égal, mon opinion n'a pas varié...

MAURICE.

Et c'est?

MÉDUSIER.

C'est que nul n'a droit de franchir le mur de la vie privée... à moins que ce ne soit pour dire du bien!

CHŒUR FINAL

Air de M. Lindheim.

Gardons-nous bien d'escalader le mur,
Le mur légitime
De la vie intime!
Gardons-nous bien d'escalader ce mur;
D'un ciel paisible et pur
Respectons l'azur.

CLOTILDE, au public *.

Air : *Vaudeville de la haine d'une femme.*

Aujourd'hui, la chose est prouvée,
Nul n'a le droit de contrôler
Notre vie intime et privée,
Car la loi défend d'en parler.
Mais si, ce soir, nous vous faisons sourire,
Si nous avons, en famille, un succès,
Hautement vous pouvez le dire,
Même à vous permis de l'écrire,
Sans crainte d'avoir un procès!
Ne redoutez pas de procès!
Vous pouvez le dire... ou l'écrire
Nous ne ferons pas de procès!

* Maurice, Clotilde, Médusier, Oscar.

REPRISE DU CHŒUR

FIN

POISSY. — TYP. ARBIEU, LEJAY ET Cie.

EN VENTE CHEZ LES MÊMES ÉDITEURS

PIÈCES DE THÉATRE, BELLE ÉDITION, FORMAT GRAND IN-18 ANGLAIS

Le Médecin des pauvres, dr. en 6 actes. » 50
Les Révoltées, comédie en 1 acte...... 1 »
Les Méprises de Lambinet, com. en 1 a. 1 »
Martha, opéra en 4 actes.............. 1 »
Le Moine, drame en 4 actes........... » 20
Les Bergers, opéra com. en 3 actes... 2 »
Dernières Scènes de la Fronde, dr. en 3 a. » 20
La Fiancée d'Abydos, op. com en 3 act. 1 »
L'Honneur dans le crime, dr. en 5 actes. » 20
Malheur aux vaincus, com. en 5 actes. 2 »
L'Homme à la blouse, drame en 4 actes. » 40
Le Lion amoureux, com. en 5 actes.... 2 »
Le Massacre des Innocents, dr. en 5 a. » 20
La Consigne est de ronfler, com.-v. 1 a. 1 »
Fior d'Aliza, opéra comique en 4 actes. 1 »
Barbe-Bleue, opéra bouffe en 3 actes.. 2 »
Qui Femme a, Guerre a, prov. en 1 a.. 1 »
Cosima, drame en 5 actes........... 1 50
Le Chic, comédie en 3 actes.......... 2 »
Le Mariage d'honneur, com. en 1 acte. 1 »
François le Champi, com. en 3 actes.. 1 »
La Contagion, comédie en 5 actes..... 2 »
Gabriel Lambert, drame en 6 actes..... 2 »
Didon, opéra bouffe en 2 actes........ 1 50
Mangeur de fer, drame en 5 actes..... 2 »
Don Juan, opéra en 5 actes........... 1 »
La Dent de sagesse, comédie en 1 acte. 1 »
Les joy. Comm. de Windsor, op. com. 3 a. 1 »
Le Serment de Bichette, vaud. en 1 a.. » 40
La Colombe, opéra comique en 2 actes.. 1 »
Les Dragées de Suzette, op. com. en 1 a. 1 »
Le Malheur d'être belle, com. en 1 acte. 1 »
Gringoire, comédie en 1 acte.......... 1 50
La Bergère d'Ivry, drame en 5 actes.... 2 »
Le Pays des Chansonnettes, vaud. en 2 a. 1 »
Claudie, drame en 3 actes............. 1 »
Le Mariage de Victorine, com. en 3 a.. 1 »
José Maria, opéra comique en 3 actes.. 1 »
Les Don Juan de village, com. en 3 actes. 2 »
Le Lis du Japon. comédie en 1 acte... 1 »
Le Maître de la Maison, com. en 5 actes. 2 »
L'Amour d'une ingénue, com. en 1 acte.. 1 »
Le Sorcier, opéra comique en 1 acte.... 1 »
Nos bons Villageois, com. en 5 actes.. 2 »
Les Amours de Paris, dr. en 5 actes... 2 »
La Vipérine, opérette en 1 acte....... 1 »
La Conjuration d'Amboise, dr. en 5 a. 2 »
Gredin de Pigoche, opérette en 1 acte. 1 »
La Vie parisienne, pièce en 5 actes.... 2 »
Les Deux Sourds, comédie en 1 acte... 1 »
Les Chaînes de fleurs, com. en 1 acte... 1 »
Nos bonnes Villageoises, parod. 2 actes. 1 »
Mignon, opéra comique en 3 actes..... 1 »
Le Freischutz, op. fant. en 3 actes..... 1 »
Mauprat, drame en 5 actes............ 1 »
Flaminio, comédie en 4 actes.......... 1 »
Les Thugs à Paris, revue en 3 actes... 1 50

Les Trois Curiaces, com. en 1 acte... 1 »
Maison neuve, comédie en 5 actes...... 2 »
La Reine Cotillon, drame en 5 actes.... 2 »
La Duchesse de Montemayor, dr. en 5 a. 2 »
Le Cas de Conscience, com. en 1 acte.. 1 »
Toby le Boiteux, drame en 5 actes...... » 50
Les Légendes de Gavarni, pièce en 3 a. 1 50
La Vie de Garnison, com.-vaud. en 2 a. 1 50
Maxwell, drame en 5 actes........... 2 »
Le Royaume de la Bêtise, fant. en 4 a.. » 50
Sardanapale, opéra en 3 actes......... 1 »
Les Brebis galeuses, com. en 4 actes .. 2 »
Galilée, drame en 3 actes.............. 4 »
Les Idées de Mme Aubray, com. en 4 a. 2 »
Madame Patapon, comédie en 1 acte... 1 »
Roméo et Juliette, opéra de *Gounod*... 1 »
La Gr. Duch. de Gerolstein, op. bouffe 3 a. 2 »
Il ne faut pas courir 2 lièv. à la fois, prov. 1 »
Les Deux Jeunesses, com. en 2 actes... 1 50
Les Roses jaunes, comédie en 1 acte.... 1 »
Le Père Gachette, drame en 5 actes.... 2 »
La Cravate blanche, com. en 1 acte.... 1 »
Le Casseur de pierres, dr. en 5 actes.. » 50
La Puce à l'oreille, com.-vaud. en 1 a.. 1 »
La Vertu de ma Femme, com. en 1 acte. 1 »
Tout pour les Dames, com. en 1 acte.. 1 »
Albertine de Merris, com. en 3 actes... 1 50
Les Bleuets, opéra com. en 3 actes..... 1 »
L'homme masqué et le Sanglier de Bougival, folie........................ 1 »
Roman d'une honnête Femme, com. 3 a. 2 »
Robinson Crusoë, op. com. en 3 actes... 1 »
Miss Suzanne, comédie en 4 actes...... 2 »
Le Frère aîné, drame en 1 acte........ 1 »
Madame Desroches, comédie en 4 actes. 4 »
Le comte Jacques, com. en 3 a. et en v. 2 »
Geneviève de Brabant, op. bouffe en 3 a. 1 50
Un jour de déménagement, vaud. en 1 a. 1 »
Un voyage autour du demi-monde, v. 5 a. 1 50
La Jolie fille de Perth, op. com. en 3 a. 1 »
Didier, drame en 3 actes............ 1 50
Paul Forestier, com. en 4 a. et en vers. 4 »
Le Crime de Faverne, dr. en 5 actes.. 2 »
Le Papa du prix d'honneur, com. en 4 a. 2 »
Molière, drame en 5 actes............ 1 50
Un Coup de bourse, com. en 5 actes... 2 »
Comme elles sont toutes, com. en 1 a.. 1 »
Hamlet, opéra en 5 actes............. 1 »
Un Baiser anonyme, com. en 1 acte... 1 »
Les Grandes demoiselles, com. en 1 a. 1 »
L'élixir de Cornélius, opérette en 1 a.. 1 »
La Revanche d'Iris, com. en 1 a. en v.. 1 »
Nos Ancêtres, dr. en 5 a. en vers...... 2 »
Le Roi Lear, drame en 5 actes, en vers 2 »
Le Régiment qui passe, comédie en 1 a. 1 »
Cent mille fr. et ma fille, vaud. en 4 a. » 50
Le Zouave est en bas! pochade en 1 a. 1 »

POISSY. — TYP. ARBIEU, LEJAY ET Cie.

www.ingramcontent.com/pod-product-compliance
Lightning Source LLC
LaVergne TN
LVHW021642170726
843501LV00007B/2372

* 9 7 8 2 3 2 9 6 5 9 4 9 7 *